CB038565

CARLOS MOTTA

ubu

ÁGUA VIVA

Finalmente o cinza denso do céu não é mais fuligem, não deixa o sol vermelho, não tem cheiro de queimada. A névoa agora parece escorrer da Pedra Vermelha, descendo lenta e pesada em direção ao Vale de Santa Bárbara, trazendo o frio — bem-vindo em invernos cada vez mais quentes — e muito alívio. Até as rochas parecem respirar melhor nesse canto da serra quando, mesmo sem chuva, a água pousa condensada sobre tudo. O clima da Terra está mudando, mas o dia começa bem na Mantiqueira. Vamos caminhar.

Descendo a trilha que sai da Pedra Vermelha, a mata se impõe definitiva, intocada. Como se o entorno daquele rochedo ainda não tivesse conhecido a loucura humana. Pura ilusão.

Difícil acreditar, mas essa floresta encharcada pela madrugada era pasto há 30 anos. Mãos humanas derrubaram o que havia. Outras mãos, no entanto, trabalharam para deixar tudo crescer de novo. Hoje, este pedaço renascido de Mata Atlântica já é um ecossistema tão denso e diverso que é preciso mais do que cinco sentidos para perceber a arquitetura erguida aqui.

Presta bem atenção.

Tem vida embaixo, por cima, aos lados, no ar provavelmente e entrando nas suas meias. Tem espinho de planta, buraco de bicho, criatura que pica, morde — e umas que matam. Ainda assim, tão plácida.

No silêncio perfeito dessa mata tem grito, sibilo, piado, taramela, guincho, silvo, canto, rosnado e todo tipo de língua que gente não fala. Tem palmito, pinhão, banana, ameixa-da-mata, cambuci, uvaia e um banquete que serve de insetos a primatas. Tem árvores de todas as alturas, algumas parceiras, outras rivais, onde aterrizam uma das maiores biodiversidades de aves do mundo. Trinta anos depois, este ex-pasto agora é a casa de onça, irara, jaguatirica, gato do mato, saruê, lobinho e do maior e mais hippie macaco do continente, o muriqui.

Pensar que essa turma toda voltou há tão pouco tempo para esses morros. É, acima de tudo, otimismo o que brota desta mata — mais jovem e claramente mais forte do que o próprio desmatamento. Em menos de 30 anos, nascentes voltaram a jorrar. Desaparecidas fontes d'água foram recuperadas pela mera presença de vida nova ao redor. De bichos, fungos, plantas e das poderosas árvores que fazem a montanha transpirar. E pela presença de uma casa humana que foi construída junto ao plantio das milhares de mudas nativas.

Dá pra vê-la ali embaixo, quase sumida na névoa, com textura de árvore, camuflada de musgo e líquen, feita de uma madeira mais antiga do que esta mesma trilha. E construída com princípios naturais, bem mais sucintos do que este texto.

Vamos até lá. O sol já subiu.

A casa está pousada sobre a topografia original do terreno. Todas as inclinações, ladeiras e pirambas não são questões para tratores e escavadeiras, e sim exercício para as pernas que caminham sobre elas. Seus pilares, aroeiras cortadas há mais de 100 anos. Troncos que já foram postes da Light, quando a empresa entrou pelo interior do estado e da Mata Atlântica para levar eletricidade ao campo — e tragédia à floresta. Hoje seguram o telhado e as placas solares que produzem luz elétrica.

O piso já foi assoalho ou paredes em outros domicílios. As pedras de muros, paredes, caminhos e lareira eram parte do sítio. Nenhuma madeira externa da casa foi tratada com químicos.

A casa expande, encolhe, molha, seca, range e reencaixa de acordo com a umidade, a temperatura e as estações. Firme e flexível, uma casa que respira como quem nela vive: humanos, insetos, um casal de milros e às vezes um morcego manso. A água de uma nascente renascida abastece a casa e passa por chuveiros e torneiras sem cloro, flúor ou intervenção de empresas. A água chega com o que trouxe da terra, e volta a ela filtrada por biodigestores.

Uma casa fundida ao solo e à comunidade local. Pensada para causar danos mínimos e produzir os maiores benefícios possíveis ao entorno. Desenhada como todo o resto na natureza: forma, função e ética sintetizadas em estética. Erguida no polo oposto ao do luxo. Fincada na ideia de que o conforto é apenas uma rendição — e um compromisso — ao que nos é mais natural.

Pegue um prato. O almoço está saindo.

No meio da tarde as panelas ainda estão mornas sobre o fogão a lenha, o fogo quase apagando. A família esparramou-se sobre pelegos jogados em cadeiras e sofás mimetizados com as paredes de angelim.

Os cachorros meditam no tapete. E você senta-se em uma poltrona pesada de itaúba na varanda antes de decidir se vê as notícias ou se lê a paisagem. A escolha é óbvia.

A passarada está recolhida. E nenhum grasno de jacu é páreo para o alto chiado de folhas sacudidas, a própria voz do vento na Mantiqueira. Mas dá pra escutar o córrego mais rápido e volumoso em direção ao Rio do Peixe. O sol sumiu. No horizonte não é mais a névoa que desce. São nuvens escuras e imensas que relampeam ao sudeste em direção ao litoral, uns 150 quilômetros dali, deixando essas montanhas para chover forte na Serra do Mar.

Pelo céu e pelo leito dos rios, a Mantiqueira vai mandando muita água para todo o Estado de São Paulo. Vira represa, gira turbina, mata a sede de metrópoles, fazendas e indústrias. É canalizada, desperdiçada, poluída, maltratada, envenenada. Vira garoa, chuva, tempestade ou enchente. Mas segue o compromisso atávico de cada gota de água doce desse mundo: voltar ao oceano e fluir como onda.

Por algum motivo você não se aguenta sentado, e vai olhar o balé metereológico. A luz de inverno que entrou na diagonal por debaixo das nuvens faz a Pedra Vermelha reluzir molhada. E esse orvalho pesado, que desde a madrugada encharcou a serra, é que parece jovem, transitório. É diferente das rochas e montanhas, que se impõem definitivas, eternas de tão antigas.

Pura ilusão.

A serra, com seus 60 milhões de aninhos, é uma criança, se comparada ao aguaceiro que circula dentro dela.

Em cada gotícula de sereno, em cada córrego fluindo por ali, chacoalham moléculas formadas há mais de seis bilhões de anos. Moléculas que permaneceram as mesmas, inalteradas. É difícil dar-se conta. Um tapa na cara da impermanência: cada um dos abraços entre dois hidrogênios e um oxigênio está assim, firme e comprometido há uns seis bilhões de anos. Muito antes da própria vida aparecer nesse planeta.

Claro que é assim. A gente aprende na escola e sente com o próprio corpo que, para existir vida, é preciso, antes, existir a água. E ponto final.

Mas olhando para essa mata toda cortada por riachos sem nome, talvez essa seja uma forma besta de pensar. Talvez seja muita presunção nossa, dos vivos, achar que a água seja um tipo de substrato, algo que nos tem utilidade. Um recurso, para usar um termo bem humano. Talvez não.

Pense na idade, na onipresença dessa água que atravessa tudo aqui. Considere o fato de que nesse riacho está passando a mesma água, exatamente a mesma molécula de água que veio de fora do sistema solar, congelada em forma de um cometa, antes de colidir com esse planeta e instantaneamente virar vapor quando a Terra era só uma esfera incandescente.

Uma água que descansou por dezenas de milhares de anos em geleiras que cobriam o planeta, que choveu em terras hoje inexistentes antes de se tornar parte de amebas e algas e de cercar anfíbios em pântanos, antes de passar pelo metabolismo de incontáveis dinossauros, e passar pelas veias de sequóias e preguiças gigantes nas Américas, pela bexiga de gorilas na África, antes de lavar roupas de trabalhadores na China, antes de dar a volta ao mundo em correntes marítimas para evaporar na altura do Rio Grande do Norte e ser tragada pela Amazônia, voar até o sudeste para condensar de novo exatamente aqui, no Vale de Santa Bárbara, e dar em um olho d'água — de onde, ali embaixo, dá pra ver daqui, bebe uma vaca prenha.

Isso pra falar o mínimo sobre essa umidade na Mantiqueira. Que loucura. Se não fosse tão real.

Porque, do ponto de vista do orvalho, não é a vida que parece usar a água, exatamente. É a água que parece ter a vida como seu substrato, domesticando e usando fauna e flora como seu veículo. Uma forma especialmente interessante de existir por aqui. Um quarto estado — água sólida, líquida, gasosa e, às vezes, água viva. Transmutando sempre, ela permanece. É a gente que está de passagem.

É você quem tem a fortuna, o privilégio de existir assim, de passagem. Como água viva. Surfando as marés do tempo, seguindo o compromisso atávico de cada outra gota de água doce desse mundo: um dia voltar ao oceano de onde viemos e, que sorte, fluir como onda.

Mas hoje não. Hoje ainda estamos aqui e amanhã vai ser um bom dia na Mantiqueira. A chuva e a noite estão prestes a cair e seu amor já acendeu a lareira. Uma cachorra velha está roncando embaixo do seu longo tampo de peroba rosa. Em cima dele tem papel, lápis, borracha e um abajur.

Entra, faz favor. Pode sentar.

LIVING WATER

At last, the dense gray of the sky is no longer ash, no longer reddening the sun, no longer smelling of smoke. The mist now seems to flow from Pedra Vermelha, descending slowly and heavily toward the Santa Bárbara Valley, bringing within it a welcome chill amidst increasingly warm winters. And much relief. Even the rocks seem to breathe easier in this corner of the mountains, as water condenses and settles over everything. Earth's climate is changing, but today will be a good day in Mantiqueira. Let's go for a walk.

Hiking the trail from Pedra Vermelha, the Mata Atlântica asserts itself — definitive, untouched. As if the surroundings of that rock had yet to experience human madness. Mere delusion.

Hard to believe, but these woods, now drenched by the morning dew, was pastureland just 30 years ago. Human hands once cut down what was there. Yet, other hands worked to allow everything to grow back. Today, this reborn fragment of the Atlantic Forest is an ecosystem so dense and diverse that it takes more than the five senses to glimpse the architecture that has arisen here.

Be aware.

There is life below, above, to the sides, in the air — and likely inside your socks. There are plant thorns, animal burrows, creatures that sting, bite — and some that kill. Yet, so serene.

In the perfect silence of this forest, there are screams, hisses, chirps, squeaks, whistles, croaks, growls, clatters, and all sorts of languages that humans don't speak. There are palmitos, pinhão, ameixas-da-mata, bananas, cambucis, uvaias and a feast that serves everyone, from insects to primates. There are trees of all heights, some partners, others rivals, where one of the world's greatest biodiversities of birds lands. Thirty years later, this former pasture is now home to onça, irara, jaguatirica, gato do mato, saruê, lobinho, and the largest and hippiest monkey of the continent: the muriqui.

To think that all these creatures returned to these hills so recently. Above all, it is optimism that blooms in this forest — younger and clearly stronger than the deforestation itself. In less than 30 years, springs have begun to flow again. Vanished water sources have been restored by the sheer presence of new life around. By the presence of fungi, plants, and the mighty trees that make the mountain breathe. And by the presence of a human home, built alongside thousands of native seedlings.

You can see it down there, almost hidden in the mist, with a texture like that of a tree, camouflaged with moss and lichen, made of wood older than this very trail. And built on natural principles, much more succinct than this text.

Let's go there. The sun is already up.

The house rests upon the original topography of the terrain. All the slopes, inclines and rises are not issues for tractors and excavators, but rather exercises for the legs that walk upon them. The pillars supporting the house are aroeira logs, cut over 100 years ago. These pillars were once electricity poles, when corporations ventured into the Mata Atlântica to bring electricity to the countryside – and tragedy to the forest. Today, the aroreiras hold the roof and the solar panels that power the house.

The reclaimed flooring once covered other homes, and the stones for the walls, paths, and fireplace were already on the farm. No external wood has been treated with chemicals.

The house expands, contracts, soaks, dries, creaks, and readjusts according to humidity, temperature, and seasons. Firm yet flexible, it is a breathing house, much like those who dwell within: humans, spiders, a pair of finches, and sometimes a gentle bat. Water from a reborn spring supplies the house, flowing through showers and faucets — without chlorine, fluoride, or corporate intervention. The water arrives with what it has taken from the earth and returns to the soil, filtered by biodigesters.

A house fused with the land and the local community. Designed to cause minimal harm and to produce the greatest possible benefits to its surroundings. Designed like everything else in nature: form, function, and ethics synthesized into aesthetics. Erected in opposition to luxury. A house grounded in the idea that comfort is merely a surrender — and a commitment — to what is most natural to us.

Please, grab a plate. Lunch is almost ready.

In the middle of the afternoon, the pots are still warm on the wood-burning stove, the fire nearly out. The family is sprawled across sheepskins tossed over chairs and sofas that blend with the angelim wood walls. The dogs meditate on the carpet. You settle into a heavy itaúba armchair on the porch, deciding whether to watch the news or read the landscape. The choice is clear.

The birds have retreated. No guan squawk can compete with the high rustling of shaken leaves, the very voice of the wind in Mantiqueira. But you can hear the creek running faster and fuller toward the Rio do Peixe. The sun has disappeared. On the horizon, it is no longer mist descending. But dark, immense, and thundering clouds to the southeast toward the coast, about 150 kilometers away, leaving these mountains to bring heavy rain into the Serra do Mar.

Through the sky and along the riverbeds, Mantiqueira sends abundant water throughout São Paulo state. It becomes reservoirs, spins turbines, and quenches the thirst of metropolises, farms, and industries. It's channeled, wasted, polluted, mistreated, poisoned. It turns into drizzle, rain, storms — or floods. But it follows the ancient commitment of every drop of freshwater in this world: to return to the ocean and flow as a wave.

For some reason, you can't stay seated, and go watch the meteorological ballet. The winter light, entering diagonally beneath the clouds, makes Pedra Vermelha gleam wet. And this heavy dew, which has soaked the mountains since dawn, seems young, transient. Not like these rocks and boulders, which stand definitive, eternal in their antiquity.

Mere delusion.

These mountains, with their 60 million years, are just kids compared to the waters circulating within them. In every drop of dew, in every stream flowing through, molecules that formed over six billion years ago are in motion. Molecules that have remained unchanged. Hard to grasp. A slap in the face of impermanence: each bond between two hydrogens and one oxygen has been steadfast and committed for about six billion years, long before life itself appeared on this planet.

Of course, it is so. We learn in school and feel within our bodies that for life to exist, water must exist first. Period.

But looking at this forest, crisscrossed by nameless streams, maybe that's a naive way to think. Perhaps it's quite presumptuous of us, the living, to regard water as a substrate, something useful to us. A resource, to use a very human term. Perhaps not.

Mind the age, the omnipresence of this water that flows through everything here. Consider the fact that in this stream flows the same water, the exact same water molecule that came from beyond the solar system, frozen in the form of a comet before colliding with the Planet and instantly turning to vapor when Earth was just a glowing sphere.

Water that rested for tens of thousands of years in glaciers covering the planet, water that rained on lands now long gone before becoming part of amoebas and algae, surrounding amphibians in ancient swamps, before passing through the metabolisms of countless dinosaurs, and through the veins of sequoias and then giant sloths in the Americas, through the bladders of gorillas in Africa, before washing the clothes of workers in China, just to circle the globe in ocean currents to evaporate near Rio Grande do Norte, before being sucked as cloud into the Amazônia, flying to the southeast, and finally condensing here, in the Santa Bárbara Valley, to flow into a spring down there — where, we can see it from here, drinks a pregnant cow.

All that, to say the least about the humidity in Mantiqueira. Would be madness. If it weren't so real.

Because, from the dew's point of view, it's not life that seems to use water, precisely. It's water that seems to use life as its substrate, domesticating and employing fauna and flora as its vehicle. A particularly interesting way to manifest. A fourth state — solid, liquid, gas, and sometimes, living water. Always transmuting, it remains. We are the ones just passing through.

It is you who got lucky, that has the privilege to exist like this, passing through. Like living water. Surfing on the tides of time, following the ancient commitment of every drop of freshwater in this world: one day to return to the ocean from which we came and, hopefully, to flow as a wave.

But not today. Today we are still here, and tomorrow will be a good day in Mantiqueira. The rain and night are about to descend, and your love has already lit the fireplace. An old dog snores beneath your long table made of peroba rosa. On it, there is paper, a pencil, an eraser, and a lamp.

Come in, would you? Have a seat.

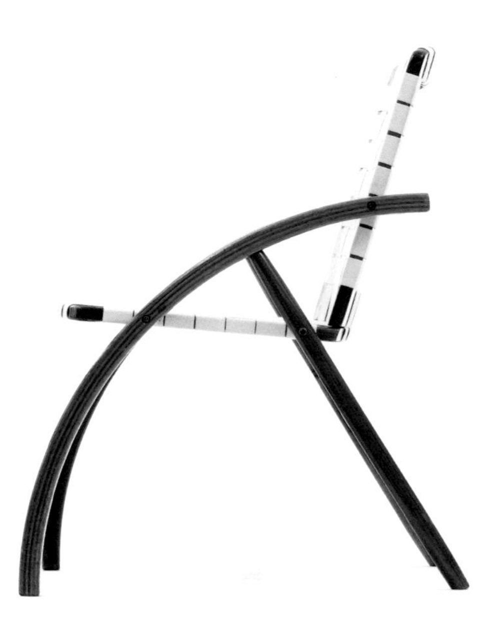

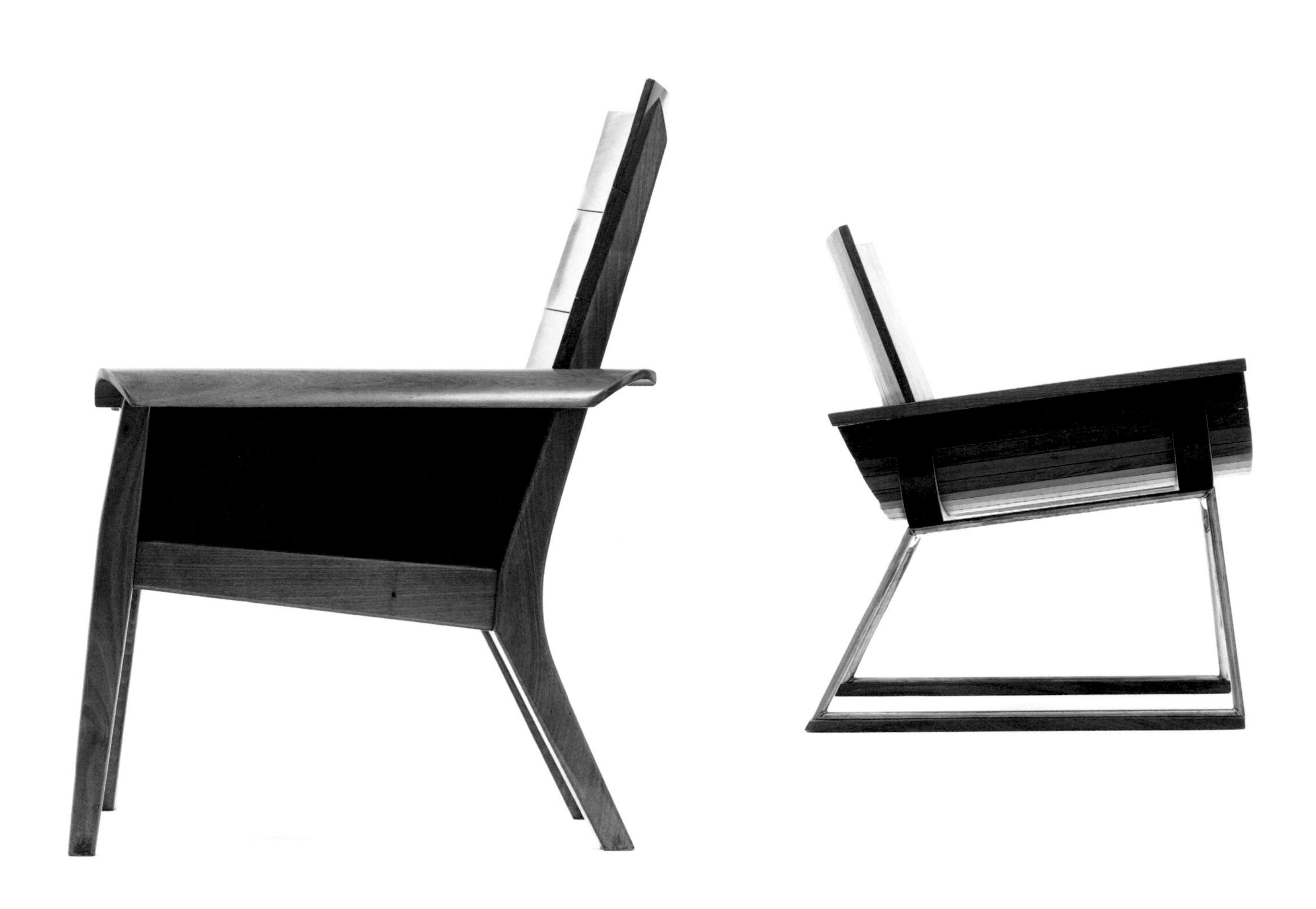

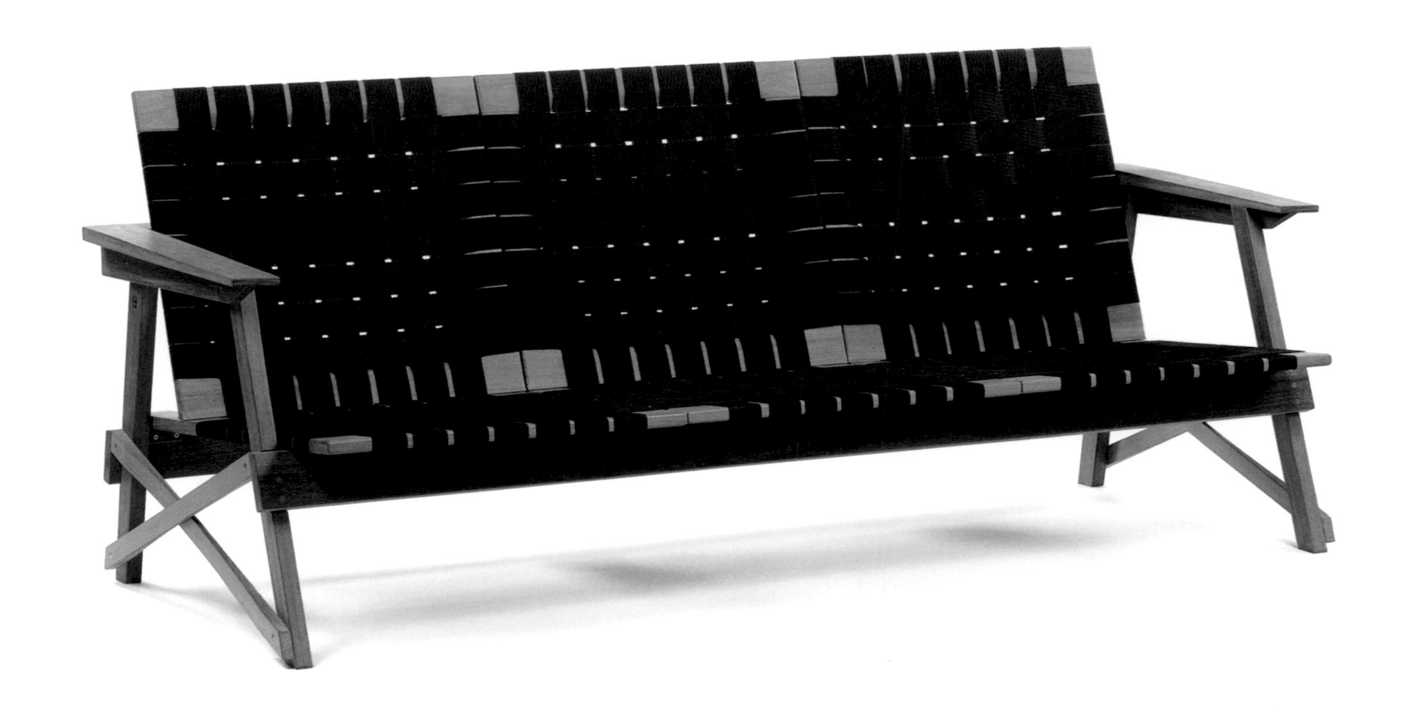

VOSCO BENDITA SOIS VÓS ENTRE

Agradecimentos
Acknowledgments

Afonso Bonini,
Alexandre Silva,
Alan Terpins,
André Millan,
André Szajman,
Andrea Machado,
Ara Vartanian,
Baba Vaccaro,
Bete Savioli,
Camila de Paz,
Carlos Junqueira,
Carol Szajman,
Charly Ho,
Chiquinho Souza,
Diego Motta,
Diogo Souza,
Erica Camilo,
Estúdio 321,
Gabriel de Souza,
Gibo Pinheiro,
Guido Otte,
Ipe Moraes,
João Cunha,
Juliana Katayama,
Maria Barreto,
Maria Manoella,
Maria Lúcia Souza,
Marília Caldonceli Sumihara,
Marilia Camargo,
Marina Terpins,
Michel Otte,
Monica Motta Abreu,
ND Marcenaria,
Paula Salema,
Pedro Paulo Diniz,
Rafa Horta,
Renan Luis,
Rodrigo Birdy Machado,
Ruy Teixeira,
Sabrina Gasperin,
Sheila Souza,
Sibylla Simonek,
Silvio Restiffe,
Socorro de Andrade Lima,
Tadeu Jungle,
Thiago Bernardes,
Vera Cortez,
Xavier Motta Torturra,
José Aparecido de Souza,
Zé Machado,
Zero Costi Martí.

Editores
Editors

Carlos Motta
Bruno Torturra
Edu Hirama
Fernando Laszlo
Layla Motta
Mauro Restiffe

Fotografia
Photography

Fernando Laszlo
Layla Motta
Mauro Restiffe

Direção de Arte e Design
Art Direction and Design

Edu Hirama

Texto
Text

Bruno Torturra

Revisão e Versão em Inglês
Proofreader and English Version

Ronaldo Bressane

Produção Gráfica
Print Management

Jairo da Rocha

Prepress e Impressão
Prepress and Print

Ipsis Gráfica

CRÉDITOS
CREDITS
&
LEGENDAS
SUBTITLES

Fotografia
Photography
LAYLA MOTTA

P. 2 – 3 / 7 – 16 / 45 – 60

Fotografias realizadas
entre 2019 e 2024 em
Cambury, Ubatuba, Ilhabela,
São Francisco Xavier e Chile

Photographs taken
between 2019 and 2024 in
Cambury, Ubatuba, Ilhabela,
São Francisco Xavier and Chile

P. 23 – Trindade, 2019
Layla Motta

P. 24 – (↑) São Francisco Xavier, 2024
Mauro Restiffe

(↓) Oficina / Workshop, 2013
Paula Brandão

P. 25 – Oficina / Workshop, 2019
Ruy Teixeira

P. 26 – São Francisco Xavier, 2017
Layla Motta

P. 27 – Carlos Motta, 1976
Arquivo Pessoal

P. 28 – São Franciso Xavier, 2024
Layla Motta

P. 29 – Antônio Carriel de Barros (Toninho), 1979
Arquivo pessoal

P. 30 – Cambury, 2024
Layla Motta

P. 31 – Punta Mango – El Salvador, 2018
Arquivo pessoal

P. 32 – Oficina São Francisco Xavier / São Francisco Xavier Workshop, 2020
Arquivo Pessoal

P. 33 – (↑) Sofá Curvo Paul McCartney / Curved Sofa Paul McCartney, 2017
Arquivo Pessoal

(↓) Oficina / Workshop, 2013
Paula Brandão

P. 34 – (↑) Oficina / Workshop, 2013
Paula Brandão

(↓) Oficina / Workshop, 1999
Arquivo Pessoal

P. 35 – 36 – Oficina / Workshop, 2019
Ruy Teixeira

P. 37 – Oficina / Workshop, 2013
Paula Brandão

P. 38 – Oficina / Workshop, 2019
Ruy Teixeira

Fotografia
Photography
FERNANDO LASZLO

Tratamento de imagem
Image Editing
Sérgio Iavinas

P. 61 – Poltrona Astúrias Balanço / Astúrias Rocking Lounge Chair, 2002

P. 62 – Cadeira Flexa H45 / Flexa H45 Chair, 1979

P. 63 – Cadeira CM7 / CM7 Chair, 1985

P. 64 – Poltrona Mantik / Mantik Armchair, 2022

P.65 – Poltrona CJ1 / CJ1 Armchair, 2017

P. 66 – Poltrona Aurora / Aurora Armchair, 1997

P. 67 – Cadeira Layla com braço / Layla Chair with armrests, 1988

P. 68 – Cadeira Saquarema / Saqua-ma Chair, 2005

P. 70 – Poltrona Pindá / Pindá Lounge chair, 2014

P. 71 – Poltrona Braz / Braz Armchair, 2006

P. 72 – Cadeira Muriqui com braço / Muriqui Chair with armrests, 2023

P. 73 – Poltrona Santa Rita / Santa Rita Armchair, 2010

P. 74 – Cadeira Cambury / Cambury Chair, 1989

P. 75 – Poltrona Muriqui / Muriqui Armchair, 2023

P. 76 – Cadeira Clube com braço / Clube Chair with armrests, 1979

P. 77 – Cadeira Madalena / Madalena Chair, 1994

P. 78 – Sofá CJ1 / CJ1 Sofa, 2017

P. 80 – Cadeira Cuíca / Cuíca Chair, 2006

P. 81 – Poltrona Tinga / Tinga Armchair, 2015

P. 82 – Cadeira Estrela com braço / Estrela Chair with armrests, 1979

P. 83 – Cadeira Estrela / Estrela Chair, 1979

P. 84 – Poltrona Sabre / Sabre Armchair, 1990

P. 86 – Cadeira Layla / Layla Chair, 1988

P. 87 – (↑) Poltrona Pará / Pará Armchair, 2000

(↓) Cadeira ATTOM / ATTOM Chair, 2017

P. 88 – Cadeira Sahy / Sahy Chair, 2001

P. 89 – Cadeira CM7 / CM7 Chair, 1985

P. 90 – Poltrona Java / Java Lounge Chair, 2010

P. 91 – Cadeira baixa Barracuda / Barracuda Low Chair, 2018

P. 92 – Poltrona Cordas / Cordas Armchair, 1975

P. 93 – Cadeira Brisa / Brisa Chair, 2013

P. 94 – (↑) Cadeira giratória Conchas / Conchas Swivel Chair, 2014

(↓) Cadeira Guaiuba / Guaiuba Chair, 2005

P. 95 – (↑) Cadeira Iporanga com braço / Iporanga Chair with armrests, 1998

(↓) Cadeira Santa Cruz com braço / Santa Cruz Chair with armrests, 1979

P. 96 – Sofá Voador / Voador Sofa, 2009

P. 98 – Cadeira Iporanga com braço / Iporanga Chair with armrests, 1998

P. 99 – Poltrona Ariri / Ariri Armchair, 2009

P. 100 – Sofá Mario de Andrade / Mario de Andrade Sofa, 2014

P. 102 – Poltrona giratória Radar / Radar Swivel Loune Chair, 2008

P. 103 – Cadeira Marte / Marte Chair, Início dos anos 1980 / Early 1980s

P. 104 – Banqueta alta Mantik / Mantik High Stool, 2022

P. 105 – (↑) Poltrona Nuvem / Nuvem Armchair, 2024

(↓) Banco Jataí / Jataí Bench, 2022

P. 106 – Poltrona Horizonte / Horizonte Armchair, 2022

P. 107 – Cadeira Brisa com braço / Brisa Chair with armrests, 2013

P. 108 – Poltrona Lunatik / Lunatik Armchair, 2017

P. 109 – Chaise Longue Alvorada / Alvorada Chaise Longue, 2013

P. 110 – Banco Butantã / Butantã Bench, 2009

P. 112 – Poltrona Timbó / Timbó Armchair, 2010

P. 113 – Poltrona Biguá / Biguá Armchair, 2013

P. 114 – Chaise Longue Maresias / Maresias Chaise Longue, 2015

P. 115 – Poltrona Biguá / Biguá Armchair, 2013

P. 116 – Poltrona Astúrias Fixa / Astúrias Lounge Chair, 2002

P. 118 – Poltrona Tim / Tim Armchair, 2013

P. 119 – Cadeira Flexa H45 assento estofado / Flexa H45 Chair with upholstered seat, 1979

P. 120 – Poltrona Barca / Barca Armchair, 2018

P. 121 – Banco Mandacaru / Mandacaru Bench, 2009

P. 122 – Sofá Mantiqueira / Mantiqueira Sofa, 2005

P. 124 – Cadeira ATTOM / ATTOM Chair, 2017

P. 125 – Poltrona Atlântica / Atlântica Armchair, 2023

P. 126 – Sofá Laranjeiras / Laranjeiras Sofa, 1995

P. 128 – Cadeira CJ1 com braço / CJ1 Chair with armrests, 2017

P. 129 – Cadeira K / K Chair, 2020

P. 130 – Poltrona Saquarema Fixa / Saquarema Fixed Armchair, 2005

Fotografia
Photography
MAURO RESTIFFE

Scan & Tratamento de imagem
Scan & Image Editing
Estúdio 321

P. 173 – 175 / 189 – 194 / 200 – 201

Residência Carlos e Sibylla /
Carlos and Sibylla Residence
São Francisco Xavier, SP
2005

P. 177 / 182 – 183 / 186 – 188
197 / 202

Residência Ara e Sabrina /
Ara and Sabrina Residence
São Francisco Xavier, SP
2021

P. 178 – 180 / 204 – 205 / 208 – 209

Residência PPD /
PPD Residence
Itapira, SP
2009

P. 176/ 181 / 184 – 185 / 198

Residência Alan e Marina /
Alan and Marina Residence
São Francisco Xavier, SP
2007

P. 206
Residência João e Maria /
João and Maria Residence
São Francisco Xavier, SP
2020

P. 210 – 213

Residência Ipe e Vera /
Ipe and Vera Residence
Taguaiba, SP
2002

P. 214 – 220

Residência Carlos e Sibylla /
Carlos and Sibylla Residence
Cambury, SP
1988

P. 221 – 225

Projeto Moréias /
Moréias Project
Camucim, CE
2018

P. 226 – 227

Bancos para Basílica de Nossa
Senhora Aparecida / Benches
for the Basilica of Nossa Senhora
Aparecida, SP
2003

P. 230

Bancos área de convivência Clube
Sociedade Harmonia de Tênis /
Benches for the Social Area of
Sociedade Harmonia de Tênis Club
São Paulo, SP
2017

P. 233 – 244

Residência Déia e Zé /
Déia and Zé Residence
Futaleufú, Patagônia Chilena /
Chilean Patagonia
2020

Dados Internacionais de Catalogação
na Publicação (CIP)
de acordo com ISBD

Motta, Carlos
M921c

Carlos Motta / Carlos Motta, Bruno
Torturra. – São Paulo : Ubu Editora,
2024.

252 p. ; 23cm x 29,5cm.

ISBN: 978-85-7126-189-1

1. Arquitetura. 2. Design.
3. Fotografia. 4. Natureza.
5. Mobiliário. I. Torturra, Bruno.
II. Título.

CDD 720
CDU 72

2024-3419

Elaborado por
Vagner Rodolfo da Silva - CRB-8/9410

Índice para catálogo sistemático:

1. Arquitetura 720
2. Arquitetura 72

Ubu Editora
Largo do Arouche, 161 sobreloja 2
01219 011 São Paulo SP
ubueditora.com.br

 ubueditora

Impresso em / Printed on:
Capa / Cover – Masterblank Linho 135g
Miolo / Book block – Munken Lynx Rough 120g, Munken Print Cream 80g,
Biblioprint 60g, Garda Pat Kiara 135g, Pólen Bold 90g